PROJETO STARTUP
DA IDEIA AO PRIMEIRO MILHÃO
MANUAL DO JOVEM EMPREENDEDOR

JOÃO MAGALHÃES E GUSTAVO TEIXEIRA

1ª edição

Rio de Janeiro | 2018

CIP-BRASIL. CATALOGAÇÃO NA PUBLICAÇÃO
SINDICATO NACIONAL DOS EDITORES DE LIVROS, RJ

T266p

Teixeira, Gustavo
Projeto Startup: da ideia ao primeiro milhão: manual do jovem empreendedor / Gustavo Teixeira, João Magalhães. – 1ª ed. – Rio de Janeiro: Best Seller, 2018.

Inclui bibliografia
ISBN 978-85-465-0120-5

1. Empreendedorismo. 2. Negócios – Administração. 3. Sucesso nos negócios. I. Magalhães, João Roberto. II. Título.

18-47259

CDD: 658.11
CDU: 658.016.1

Texto revisado segundo o novo Acordo Ortográfico da Língua Portuguesa.

Copyright © 2018 by Gustavo Teixeira e João Roberto Magalhães

Design de capa: Guilherme Peres
Ilustração de capa: Depositphotos

Todos os direitos reservados. Proibida a reprodução, no todo ou em parte, sem autorização prévia por escrito da editora, sejam quais forem os meios empregados.

Direitos exclusivos de publicação em língua portuguesa para o mundo adquiridos pela
Editora Best Seller Ltda.
Rua Argentina, 171, parte, São Cristóvão
Rio de Janeiro, RJ – 20921-380

Impresso no Brasil

ISBN 978-85-465-0120-5

Seja um leitor preferencial Record.
Cadastre-se no site www.record.com.br e receba informações sobre nossos lançamentos e nossas promoções.

Atendimento e venda direta ao leitor
mdireto@record.com.br ou (21) 2585-2002

DEDICATÓRIA

Dedicamos este livro aos milhares de jovens brasileiros que sonham em mudar o mundo através da criação de startups e desejam navegar no universo do empreendedorismo.

Que este guia oriente vocês nessa difícil missão, que possam conquistar seus sonhos e que todos tenham a oportunidade de impactar positivamente o mundo com suas ideias e seus produtos.

PREFÁCIO

Provavelmente, você, caro leitor, teve algum professor marxista que lhe "ensinou" que o lucro dos empresários é obtido por meio da exploração dos trabalhadores. Trata-se do velho conceito de "mais-valia", como se o retorno do proprietário fosse possível pelo excedente não pago do trabalho executado.

Nessa visão de mundo, o papel do empreendedor é o de um ladrão e resta ao trabalhador explorado partir para uma "luta de classes". Sabemos como esse ranço marxista pegou no Brasil, o que explica em boa parte nosso atraso e miséria.

Mas nada poderia estar mais distante da verdade. No mundo real, são os empreendedores que *criam* riqueza, que *geram* empregos. Riqueza não é um dado da natureza, e não pode ser confundida com recursos naturais ou terras. No século XXI, mais do que antes, vivemos na era da informação e da tecnologia e a riqueza se tornou mais e mais imaterial. Ela é o resultado de nossa inteligência aplicada em um vasto mercado global.

Por trás dessa criação de riqueza está, como figura central, o empreendedor. Ele é aquele que se mostra *alerta* às oportunidades, seja de arbitragem, seja para inovar com algum método, produto ou serviço que atenda melhor aos clientes, ou seja, até mesmo para trazer algo que desejávamos e sequer tínhamos conhecimento — e que pode se tornar indispensável depois (pense num iPhone).

Se nos Estados Unidos a figura do empreendedor é bastante admirada, o mesmo não se pode dizer do Brasil, infelizmente. Nossas novelas, nossos "intelectuais" e nossos professores enchem a cabeça das pessoas com porcaria marxista, demonizando a pessoa do empreendedor. Fora isso, o governo cria inúmeros obstáculos que tornam o ato de empreender — por si só extremamente arriscado — quase um suicídio, para loucos ou heróis mesmo. A maioria das pessoas quer a segurança e a estabilidade do serviço público, confunde emprego com trabalho, diploma com conhecimento e olha para o estado como o "paizão" protetor.

É nesse ambiente hostil que nossos empreendedores precisam atuar para produzir riquezas, *apesar* do governo. E você, que provavelmente é jovem e tem desejo de empreender — caso contrário não estaria com esse livro em mãos —, vai precisar de toda ajuda possível.

Eis o propósito dos autores, que já acumulam vasta experiência na área e fornecem sugestões práticas ao longo do livro.

PREFÁCIO

Mas não pense se tratar de um manual rígido ou de algum tipo de autoajuda com passos mágicos. Nada disso! Em um "papo reto", os autores "tocam a real" e derrubam quaisquer ilusões de que ser um empreendedor é moleza, que basta sonhar. Tal visão romantizada não encontra eco na realidade e esse livro deixa essa mensagem bem clara.

É preciso ralar muito. É preciso correr atrás, com fôlego, inovando, adaptando-se, estudando, atento ao mercado e preparado para os inevitáveis revezes. Para encarar a "pedreira", só mesmo com muita paixão e com o desejo de algo além do que só ganhar dinheiro. A busca por um propósito, por deixar um legado, parece parte fundamental dos que obtiveram sucesso empreendendo.

O que derruba, novamente, as falácias marxistas, que pintam o empreendedor como um ser avarento e egoísta, uma espécie de Scrooge, que não liga para nada ou ninguém. Um ou outro pode até ter esse perfil, mas certamente não é a média, muito menos a maioria. Os empreendedores acordam cedo, dormem pouco e trabalham muito, porque querem ver suas ideias vingarem, querem deixar sua marca no mundo, querem a sensação de que causaram um impacto positivo na vida das pessoas. O lucro muitas vezes é o *reconhecimento* disso, assim como o *meio* para novos e mais investimentos produtivos.

O próprio caso do empreendimento dos autores comprova isso. E esse livro também é parte dessa missão maior: compartilhar com o público seu conhecimento, sua experiência, para que alguém possa fazer bom uso disso e, dessa forma, contribuir para o avanço da humanidade, para o progresso. Sem dúvidas, é isso que dá sentido e que serve de combustível para os momentos de maiores desafios.

Sem aquela faísca nos olhos dificilmente o empreendedor vai muito longe. Mas como ela não basta sozinha, que bom que temos as aulas daqueles que possuem maior experiência no assunto! Faça bom proveito dessas lições...

Rodrigo Constantino

SUMÁRIO

1. O mundo único das startups: o que preciso saber para começar a empreender.............................13

2. Internet e a democratização do conhecimento...........19

3. Como escolher o seu sócio...23

4. Conhecendo o mercado: o detetive empreendedor.........27

5. Canais digitais e a nova ordem mundial do mercado..39

6. Criando um projeto startup de sucesso.......................49

7. Venda em startup: os sete gatilhos de venda para não perder o cliente...53

8. A importância de pensar na cultura organizacional em startups...59

9. Quatro dicas de gestão do tempo para se tornar um empreendedor de alto desempenho......................63

10. Investimento: como obter investimento na sua startup..67

11. Concorrência..73

12. Dez dicas de empreendedor para empreendedor..77

13. Nosso case de sucesso: a história do CBI of Miami..85

Sobre os autores..91

Lista de 10 livros para leitura complementar.............93

Contato para palestras, entrevistas e consultorias.....95

Capítulo 1

O MUNDO ÚNICO DAS STARTUPS: O QUE PRECISO SABER PARA COMEÇAR A EMPREENDER

O QUE É UMA STARTUP?

Uma definição interessante é que a startup é uma organização temporária desenhada para alcançar um modelo de negócio escalável de lucro para se transformar em uma companhia no futuro.

Portanto, o sonho de toda startup é deixar de ser uma startup. Isso mesmo, o sonho de todo empreendedor é que sua startup cresça e se transforme em uma grande empresa.

Por ser um trabalho duro e por necessitar de dedicação extra, você será um empreendedor de sucesso apenas se for apaixonado pelo que faz. A paixão pelo seu negócio será o combustível para combater o cansaço, as dificuldades, o sono durante as madrugadas de trabalho e será também a armadura para resistir às pancadas que você vai receber do mercado, cobrando sempre a excelência do seu produto, de pessoas tentando puxar o seu tapete ou do governo tentando extorquir mais e mais dinheiro através de impostos absurdos e abusivos.

No início da sua startup, pode ser que você não tire muito lucro do negócio, ou tenha até prejuízo, mas o que é preciso ter em mente é que a pequena monetização do início do negócio não significa nada perto do que você está construindo.

Diferentemente de um executivo ou de um funcionário comum de uma empresa, você não está trabalhando na sua startup pelo seu salário mensal; você está construindo o seu negócio, depositando nele seus sonhos de modificar o mundo, de ajudar as pessoas e de vender seu produto para o maior número possível de indivíduos.

Existe uma causa, uma razão superior de ser, e além disso você está criando a sua empresa, desenvolvendo um negócio que vai lhe trazer realização profissional e talvez lhe renda uma pequena ou grande fortuna daqui a cinco ou dez anos.

TENHO O PERFIL DO EMPREENDEDOR DE SUCESSO?

Se você gosta de trabalhar pouco e com horários regulares, no estilo 9h da manhã às 5h da tarde (com diversas pausas para o "cafezinho", para conversar sobre futebol ou para brincar na internet durante o expediente), pensa de forma conservadora, não suporta a ideia de risco nos negócios, deseja uma estabilidade financeira, com ganhos medianos e sem a

O MUNDO ÚNICO DAS STARTUPS

possibilidade real de crescimento salarial, meu amigo, pare de ler este livro agora, pois empreendedorismo não é para você.

Mas se você é inovador, acredita nas suas ideias, gosta do trabalho duro, gosta de gerenciar pessoas, tem algo de novo para apresentar ao mercado e acredita que pode mudar o mundo com seus projetos, seja bem-vindo ao time internacional de empreendedores que estão revolucionando o conhecimento nas últimas décadas e ajudando a realizar os sonhos de milhares de consumidores mundo afora!

Outra forma de saber se você tem um DNA empreendedor é responder à seguinte pergunta: você deseja ter um emprego ou deseja gerar emprego?

O conservador certamente vai desejar um emprego, algo sólido, certo e por que não dizer "chato" na perspectiva de um empreendedor, enquanto que o jovem com o DNA empreendedor é um sonhador de pensamento liberal, o qual acredita que pode produzir mais, melhorar o mundo com suas ideias, projetos e ajudar no crescimento do país gerando empregos.

DEDICAÇÃO E MOTIVAÇÃO DO EMPREENDEDOR

Este tema é muito importante de ser discutido, pois quando se fala em empreendedorismo ou startup, muitas pessoas imaginam aqueles adolescentes trabalhando de calça jeans, camiseta e tênis em ambientes de *coworking* com máquinas de refrigerante gratuitas e mesas de pingue-pongue espalhadas pela empresa localizada no Vale do Silício.

Empreendedorismo parece algo bonito de se falar, todos querem ser empreendedores, mas não tem nada de glamoroso no empreendedorismo da forma como as pessoas pensam... Empreendedorismo é trabalho duro!

Esqueça esse estereótipo de glamour, festas e badalação. Na vida real, empreendedorismo significa trabalhar sete dias da semana, por mais de dez horas por dia. Sábado, domingo, feriado — empreender é quase como respirar!

Bill Gates, criador da Microsoft e um dos maiores bilionários do planeta, nunca se cansa de falar que ficou por mais de uma década trabalhando todos os dias e sem tirar férias. Outro exemplo era Steve Jobs, um *workaholic* de carteirinha e perfeccionista que trabalhava incessantemente em seus projetos na Califórnia por meses e meses sem descanso.

Entendemos também que não basta citar o exemplo de bilionários do Vale do Silício, algo ainda distante dos nossos jovens empreendedores brasileiros, mas para melhor ambientar o leitor, vamos dar um exemplo prático de dedicação de dois jovens empreendedores brasileiros que começaram uma startup chamada CBI of Miami.

Lembramos sempre com muita alegria o nosso início em março de 2016. Basicamente a startup foi criada em uma mesa do Starbucks no Rio de Janeiro. Investimos inicialmente R$ 4.000 para a abertura legal da empresa, criação da logomarca, produção de um banner, flyers de divulgação, um vídeo institucional, site de e-commerce e ainda conseguimos pagar alguns anúncios publicitários no Facebook.

O MUNDO ÚNICO DAS STARTUPS

No início não tínhamos nenhum funcionário e a startup era nosso segundo emprego, logo nosso "expediente" no CBI of Miami começava às 22h e avançava a madrugada até as duas ou as três horas da manhã diariamente. Nosso patrimônio inicial era uma câmera de vídeo velha, um microfone de lapela e um tripé.

Apenas nós dois revezávamos como cinegrafista, diretor de vídeo, especialista em iluminação, editor de vídeo e texto, webdesigner, produtor de conteúdo digital, especialista em mídias digitais e e-mail marketing, gestor, atendimento ao cliente...

Hoje, as coisas estão mais bem organizadas, a empresa possui quatro equipes de filmagem (duas no Brasil, uma em Portugal e uma nos Estados Unidos), equipe de marketing, de atendimento ao cliente, administrativo, entre outras. Ah, e temos seis câmeras de vídeo novas, vale ressaltar!

Bem, esse exemplo pessoal serve para reforçar que criar uma startup é difícil, exige muita dedicação e interesse do empreendedor, mas é possível se você acredita no seu sonho e tem um ideal. Se você realmente acredita na sua causa, vá em frente, pois a motivação é um combustível fundamental para adentrar o mundo do empreendedorismo.

Sem dúvida nenhuma o empreendedor de sucesso precisa ter "sangue nos olhos e faca nos dentes" para vencer as adversidades e lutar para conquistar seu espaço nesse mercado extremamente competitivo.

Você precisa acreditar no seu projeto, acreditar na sua causa. Como você deseja convencer um investidor a colocar

STARTUP

dinheiro na sua startup se você mesmo não acredita nela, não investe seu tempo, seu conhecimento e seu suor nesse projeto? O verdadeiro empreendedor não tem medo de concorrência, não tem medo de crise, não tem cansaço ou desânimo que atrapalhe sua dedicação ao trabalho. Acredite no seu sonho e lembre-se de que impossível é tudo aquilo que você não quer alcançar.

Resumindo, empreender é sinônimo de muito trabalho, muito suor, muitas noites maldormidas, algumas derrotas e alguns erros para nos mostrar que, assim como tudo na vida, problemas e dificuldades fazem parte do dia a dia do empreendedor.

Todas as dificuldades precisam ser encaradas como um combustível extra para gerar mais dedicação, esforço, vontade de superar os desafios e que, no final, irá resultar em mais vitórias. Assim é a vida de um empreendedor.

CAPÍTULO 2

INTERNET E A DEMOCRATIZAÇÃO DO CONHECIMENTO

O poder do conhecimento foi democratizado nos últimos anos. Até poucas décadas atrás, você conseguiria assistir às palestras de grandes nomes do empreendedorismo mundial apenas se pudesse viajar ao exterior e pagasse ingressos caríssimos para eventos presenciais. Hoje a maravilha da internet permite que você assista a palestras desses grandes nomes ao vivo sentado no sofá da sua casa através do seu smartphone.

Não podemos mais dizer que a única forma de adquirir conhecimento é através da universidade, mesmo porque um diploma embaixo do braço pode não significar muita coisa quando o assunto é empreendedorismo. Isso mesmo, você pode gastar milhares de dólares estudando business em Harvard, mas se você não botar a mão na massa, nunca saberá o que é empreender.

Empreender é uma experiência prática! Você precisa vivenciar os problemas organizacionais, políticos, administrativos e gerenciais de uma startup. Precisa viver isso.

STARTUP

Já presenciamos famílias de jovens que gastaram pequenas fortunas com faculdade, pós-graduação e os famosos MBAs. Então, o jovem inicia no mundo dos negócios aos 30 anos de idade, com um currículo invejável, mas completamente inexperiente e sem ter a mínima ideia de como empreender.

Todos precisam, portanto, entender que o mercado não liga se você tem MBA em Harvard ou pós-graduação em uma universidade pública de renome, como a UFRJ e a USP, ou em uma instituição particular respeitada, como a FGV. Veja bem, não estamos desaconselhando o estudo formal, pois nós dois cursamos faculdade, fizemos pós-graduação, mestrado, somos professores universitários e incentivamos o conhecimento através do estudo formal em universidades, mas existe uma mudança de paradigma importante na nossa sociedade: hoje, graças à internet, o conhecimento é realmente universal, democrático e gratuito!

Particularmente, nós dois temos também uma similaridade no quesito estudo: adoramos ler biografias e assistir a vídeos de empreendedores de sucesso.

Entender a vida, as motivações, os interesses, a perseverança, os sonhos e a visão de jovens empreendedores nos seus 18 anos de idade, antes mesmo de montarem suas startups, são ensinamentos ímpares e que facilitam o nosso entendimento sobre como grandes visionários obtiveram sucesso.

Estude, assista a vídeos biográficos, entrevistas, palestras e tentem se colocar na mente brilhante de empreendedores como Bill Gates, Mark Zuckerberg, Steve Jobs. (Ops, sem querer polemizar, mas acabamos listando coincidentemente

INTERNET E A DEMOCRATIZAÇÃO DO CONHECIMENTO

três estudantes que abandonaram a faculdade para criar suas startups... juramos que isso não foi provocação.)

Conheça a vida e a trajetória empreendedora fantástica de outros gênios como Henry Ford, Thomas Edison, Gary Vaynerchuk, além de brasileiros igualmente notáveis, como Jorge Paulo Lemann, Mauricio de Sousa, Abilio Diniz, Antônio Ermírio de Moraes, Luiza Helena Trajano, Carlos Wizard, Flávio Augusto da Silva, Alexandre Costa, Antônio Alberto Saraiva e Silvio Santos, por exemplo.

CAPÍTULO 3

COMO ESCOLHER O SEU SÓCIO

C hegou o momento de abrir a minha startup e, para isso, preciso escolher meus sócios. E agora? Como escolher? Preciso mesmo de um sócio? É necessário ter muita atenção com o assunto, principalmente no caso de empreendedores de primeira viagem.

Outro dia, recebemos o telefonema de um amigo que estava começando um negócio na web. Ele nos contou sobre sua ideia de negócio e suas estratégias para executá-la. Além de pedir opinião sobre o negócio, ele perguntou se achávamos que ele deveria buscar um sócio e como ele poderia escolher a melhor pessoa.

Naquele momento recomendamos que pensasse sobre a possibilidade de buscar um sócio de TI (Tecnologia da Informação) e oferecemos alguns conselhos. Por que demos esse conselho? O que fez com que pensássemos dessa forma?

Para responder a essas perguntas, vamos nos aprofundar um pouco nesse tema, pois começar uma sociedade é quase como começar um casamento e exige atenção. Vamos começar com os principais tipos de sócio que existem.

Basicamente, existem quatro tipos de sócio:

Sócio capitalista

É aquele sócio que investe dinheiro e espera apenas o retorno financeiro sobre o investimento. Normalmente, é importante em um momento de virada da empresa, em que um investimento poderia elevar a empresa a outro patamar. Não recomendamos buscar um sócio capitalista no início do negócio, a menos que seja estritamente fundamental.

Sócio por competência

Este sócio é aquele que possui uma competência que você não tem. Normalmente é mais barato contratar uma pessoa que possua uma determinada competência do que dar um *share* da sua empresa para essa pessoa. Se essa competência, porém, for fundamental para o sucesso do negócio, esse sócio pode ser crucial. No caso do nosso amigo, por exemplo, recomendamos que ele buscasse um sócio especialista em TI por ser um processo *core* de sua empresa e por ele não possuir conhecimento no assunto.

Sócio companheiro

Temos que dar especial atenção a este tipo de sócio, principalmente quando somos jovens. É aquele sócio que buscamos por medo ou receio de começar um negócio sozinho. Muito comum em jovens e aventureiros de primeira viagem,

COMO ESCOLHER O SEU SÓCIO

normalmente o sócio companheiro é um amigo próximo, que possui as mesmas competências que você e acaba não contribuindo tanto para o negócio. Claro que cada caso é específico, e isso pode acabar sendo proveitoso para o negócio, mas aconselharíamos evitar ao máximo esse tipo de sócio. Costumamos brincar que esse sócio é aquele a quem precisamos dar as mãos para pular juntos quando temos medo de pular sozinhos.

Sócio alavancador

Este sócio é aquele que tem poder para alavancar o seu negócio, mesmo sem investir capital. Isso pode acontecer, por exemplo, quando o sócio tem nome e autoridade. Esse é um sócio que pode ser bem útil à empresa, e sua participação deve ser considerada. Comumente observamos muitos negócios que mudam de patamar ao se associarem com empresas ou pessoas que são consideradas autoridade no assunto. Existem outros sócios alavancadores, como sócios que ajudam em expansão territorial, em otimização de processos e ferramentas internas ou em incentivo fiscal, por exemplo.

Dessa forma, quando formos escolher um sócio, o primeiro passo é pensar: "Para que preciso de um sócio nesse momento?"; e verificar em qual tipo ele se encaixa, tomando cuidado e evitando o sócio companheiro.

O próximo passo é verificar se os valores desse sócio são compatíveis com os seus, pois essa é uma peça fundamental no sucesso da sociedade, e que pode gerar mais conflitos. "O que é inegociável para mim? E para o meu sócio? Ética? Respeito? Venda acima de tudo?"

Tendo alinhado os valores, agora deverão ser alinhadas as expectativas com o negócio. Aonde o seu sócio pretende chegar? Ele pretende vender a empresa quando ela estiver madura ou mantê-la como uma vaca leiteira pelo resto da vida? E você, quais são as suas expectativas? Qual é o faturamento que vai deixá-lo confortável e feliz? E para o seu sócio?

Por último, deve-se alinhar o que acontecerá se o negócio der errado. Quando estamos começando uma empreitada, tudo é muito fácil. Porém, se a empresa der errado, os relacionamentos se tornam complicados. Por isso, quanto mais conversado e amarrado estiver o contrato entre os sócios, mais próspera será a relação nesse caso, exatamente como um casamento.

Portanto, podemos concluir que o sucesso do negócio depende do esforço colocado pelos seus donos e pela sincronia entre eles, pois as pessoas fazem os negócios. Conheça bem o seu sócio, converse e deixe claro seus valores e intenções. Com isso, você terá maior probabilidade de criar um negócio de sucesso.

CAPÍTULO 4

CONHECENDO O MERCADO: O DETETIVE EMPREENDEDOR

MERCADO, SABE COM QUEM VOCÊ ESTÁ FALANDO?

Quando pensamos no empreendedorismo precisamos conhecer o mercado no qual estamos prestes a trabalhar. Entende-se por mercado o universo físico ou virtual em que venderemos nossos produtos e serviços, em que vamos interagir com nossos futuros clientes e competir com concorrentes.

Entenda que o mercado não se importa com quem você é. O mercado simplesmente avalia seus resultados. Se você é bom e traz resultados positivos, pouco importa se você tem mestrado na Harvard Business School ou se é apenas um estudante do ensino médio. O que importa para o mercado é se você é competente, se tem um produto interessante para ser comercializado e se agrega valor à sociedade de alguma forma.

Portanto, se você traz resultados ao mercado, sua startup vai vencer.

DOIS TIPOS DE MERCADO

Geralmente encontramos duas possibilidades de mercado:

Mercado grande hoje: Grandes oportunidades, grande mercado consumidor, entretanto muitos concorrentes. O sucesso nesse mercado é possível, desde que você seja bastante competente.

Mercado pequeno hoje: Esse cenário é muito interessante, pois você conseguiu identificar um grande potencial de crescimento desse setor no longo prazo. Além disso, possivelmente existe um número reduzido de concorrentes no momento, o que aumenta suas chances de sucesso se você for competente.

Independentemente de o mercado ser grande ou pequeno, se o produto for ruim o mercado vai rejeitar. Não há misericórdia! O mercado apenas lê o que se apresenta para ele e determina se o produto vai sobreviver naquele momento ou não.

De um jeito ou de outro, você pode prosperar em qualquer opção de mercado, tudo vai depender da forma como você e sua equipe vão encarar o seu projeto startup.

Lembre-se de que o mercado é o "senhor de todos os poderes". Ele sempre responde positivamente à startup que estiver mais bem preparada, estruturada e com o melhor produto. Se você sucumbir, não culpe o mercado, ele está sempre com a razão. Pare, reflita onde errou e recomece melhor e mais forte!

QUEM É MEU CLIENTE?

Responder a essa pergunta é um dos pontos principais para que consigamos sucesso na venda de um produto.

CONHECENDO O MERCADO

Um verdadeiro trabalho de detetive deve ser realizado antes mesmo de se realizar a primeira campanha publicitária, ou, ainda, antes de se tentar vender o primeiro produto.

Você precisa conhecer bem quem vai consumir seus produtos/serviços e os detalhes da vida do seu cliente. Como é a vida dele? Qual é o trabalho dele? Onde ele mora? Qual a renda salarial estimada? O que ele gosta de consumir? O que assiste na televisão? O que ele faz nos fins de semana? Tem filhos? Qual seu hobby?

Além disso tudo, você precisa descobrir uma coisa muito importante: qual é o sonho do seu cliente?

Somando todas essas informações, poderemos planejar a venda do produto para esse nicho consumidor específico e daí, sim, vender o sonho de consumo ao nosso cliente.

Uma dica preciosa que ajuda a entendermos o nosso cliente é a técnica da persona. Nessa técnica, nós criamos uma espécie de avatar ou estereótipo de cliente, dando inclusive nome a ele.

Veja um exemplo de persona do CBI of Miami:

Luciana é formada em pedagogia, tem 35 anos e atua como coordenadora de uma escola particular no Rio de Janeiro. Possui pós-graduação em psicopedagogia e continua interessada em aprimorar seus estudos sobre educação para obter resultados melhores na escola em que atua.

Diariamente acessa o Facebook e o Instagram na parte da manhã, no almoço e quando chega em casa depois do trabalho. Ela assiste ao Jornal Nacional, janta com o marido e vai dormir. Tem o objetivo de melhorar a educação no seu colégio e, se possível, na sua cidade e no seu país. Tem como grande desafio a dificuldade de acesso a informação e a projetos de qualidade sobre o tema educação.

Com a persona criada, fica muito mais fácil entender: como se comunicar com ela, onde encontrá-la, quais são seus interesses, em que momento o seu produto/serviço entra na rotina dessa pessoa, entre outras informações cruciais para o seu negócio.

Vamos utilizar o exemplo da Netflix, que, para nós, é uma das empresas que mais entendem de relacionamento com o cliente no mundo. Veja os exemplos de comunicação abaixo, pelo Facebook da Netflix:

Usuário 1 Alguém já falou de game of trones????
Curtir • Responder • 👍 38 • 2 h

Netflix ⊘ Dei uma olhada nesses comentários e apenas 1.000 pessoas pediram.
Curtir • Responder • 👍 71 • 2 h
↪ Ver mais respostas

Usuário 2 How to get away with murder. ATUALIZA, PELO AMOR DE DEUS. Por favor #*Netflix*, nunca te pedi nada 😌🙏
Curtir • Responder • 👍 4.949 • 3 h

Netflix ⊘ How to get away with the waiting until September! Sim, chega em setembro! 😌
Curtir • Responder • 👍 3.098 • 3 h
↪ Ver mais respostas

Usuário 3 EVANGELION AAAAAAA
Curtir • Responder • 👍 14 • 1 h

 Netflix ✓ Só de lembrar a música de ⌄
abertura, as lágrimas escorrem:
zankoku na tenshi no you ni
shounen yo shinwa ni nare
Curtir • Responder • 👍 8 • 1 h

↪ Ver mais respostas

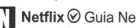 **Usuário 4** Por favor não coloca
mais nada. To tentando ter uma social aqui
e você não está ajudando.
Curtir • Responder • 👍 3 • 56 min

Netflix ✓ Guia Netflix de como ter ⌄
uma vida social:
1. Arranje amigos / conhecidos que
gostem das suas séries e filmes;
2. Marque uma festa, cada um traz um
quitute;
3. Assistam a série, quantos episódios
quiserem, e conversem entre si;
4. Uma vez por mês vocês fazem o
famoso: QUIZ COM SPOILERS;
5. Postem as fotos do encontro nas
redes sociais.

Curtir • Responder • 👍 3.098 • 3 h

↪ Ver mais respostas

Imagine se a Netflix tivesse que responder a cada uma dessas pessoas de forma individualizada. Precisaria de pelo menos o dobro da equipe e, mesmo assim, não sairia tão bom.

Esse exercício fica muito mais fácil quando criamos uma persona e respondemos apenas a ela, imaginando que ela fosse a pessoa que se comunicou com a empresa. Em vez de responder a quatro pessoas diferentes, a Netflix teria que responder apenas à "Andreia", que é sua persona.

Cada empresa pode ter mais de uma persona, que sejam bem diferentes uma da outra, mas o ideal é criar apenas uma persona por categoria de cliente.

QUANTO VALE SEU PRODUTO?

Qual o valor monetário do seu produto? O cliente pode comprá-lo?

Não adianta criar um produto maravilhoso que custa R$ 500 se seu cliente não pode ou não esteja disposto a pagar mais que R$ 50 por isso.

Também não vai funcionar se seu concorrente consegue oferecer o mesmo produto por apenas R$ 200.

Se uma dessas duas situações ocorrerem e você não conseguir resolver esse grande problema, uma coisa é certa: sua startup vai quebrar!

Nós utilizamos normalmente 3 tipos de precificação de produto:

CONHECENDO O MERCADO

1) Precificação por concorrente: Este tipo de precificação funciona bem se seu produto for comoditizado, ou seja, for um produto bem difundido e apresentar poucos diferenciais competitivos em relação a seus concorrentes. É o caso do que chamamos de "concorrência perfeita". Imagine vender ovos na feira, por exemplo. Não adianta colocar o ovo da sua barraca mais caro do que o ovo das barracas ao lado porque ninguém vai comprá-lo. Particularmente, nós não aconselhamos esse tipo de produto ou serviço para uma startup e vamos explicar o motivo no capítulo em que falarmos sobre concorrência.

2) Precificação por *markup*: Este tipo de precificação é mais voltado para uma análise financeira de custos. O empreendedor calcula os seus custos variáveis médios de cada produto (CVM) e coloca um fator multiplicador para chegar ao preço final. Por exemplo: Imagine que vou vender roupa na internet. Cada peça de roupa precisa de R$ 10,00 de tecido, mais R$ 15,00 de serviços terceirizados (costureira, embalagem etc.), mais R$ 20,00 de outros custos diretos. No total, são R$ 45,00 de custos diretos, em média. Se meu *markup* é de 2x, então vendo meu produto a R$ 45,00 × 2 = R$ 90,00. Também não recomendamos esse tipo de precificação sozinha, pois seus clientes podem estar propensos a gastar mais ou menos do que esse valor. Por isso, chegamos ao terceiro tipo de precificação.

3) Precificação por valor percebido: Imagine o caso da Apple. Ela utiliza precificação por *markup* ou por concorrência? Nenhum dos dois. A Apple identifica qual o valor percebido pelo cliente, explora ele ao máximo, e verifica quanto esses clientes estariam dispostos a pagar por aquele valor agregado. Com diferenciais competitivos sustentáveis, a Apple eliminou seus concorrentes (vamos mostrar isso mais à frente) e conseguiu colocar o maior valor possível do produto que o cliente pagaria. O iPhone compete com a categoria telefone celular? Com certeza não.

Dito isso, vamos entender a diferença entre valor real e valor percebido:

VALOR REAL × VALOR PERCEBIDO

Ao lançarmos uma empresa ou produto, temos que ter muito claro na nossa cabeça a diferença entre valor real e valor percebido. Para ilustrar esse caso, vamos a um que todos conhecemos: o do shampoo.

Se uma empresa de beleza estiver realizando uma pesquisa de mercado e lhe perguntar "Qual o principal valor de um shampoo para você?", o que você responderia? Claro, responderia que o principal valor é lavar a cabeça e o cabelo. Alguns ainda falariam que é deixar o cabelo sedoso ou eliminar as pontas duplas. Esse é o "valor real".

CONHECENDO O MERCADO

Uma empresa americana lançou um shampoo que lava a cabeça e o cabelo como nenhum outro, e ainda possui um adicional: não faz espuma. O que aconteceu com as vendas da empresa? Despencaram. O "valor percebido" do shampoo é a quantidade de espuma que ele faz, e não se ele lava ou não o couro cabeludo. Ou seja, quanto mais espuma o produto faz, mais o cliente acredita que ele é efetivo.

O mesmo acontece com pasta de dente, por exemplo. Um laboratório de uma universidade brasileira criou uma pasta de dente comprovadamente muito eficiente contra problemas bucais (valor real), e não possuía hortelã (mentol) nem substâncias químicas que provocam a sensação de leve ardência e de frescor na boca (valor percebido). Resultado: mais um fiasco de vendas.

Imagine escovar os dentes e não ter aquela sensação de frescor no final. Simplesmente acharíamos que nossa boca não está limpa.

Um tipo de produto que utilizou esse valor percebido para aumentar suas vendas foi o enxaguante bucal. Muitos enxaguantes colocam em suas composições substâncias para levar ao extremo a ardência e o frescor de hortelã na boca, dando a sensação de uma limpeza efetiva.

Muitos médicos e pesquisadores questionam a efetividade do enxaguante bucal como produto de melhoria na saúde bucal. Porém, quando colocamos o enxaguante na boca, bochechamos por 30 segundos e sentimos aquela forte ardência e o sabor de hortelã, nós sentimos que estamos com a boca limpa. Esse é o valor percebido do produto.

Portanto, antes de lançar um produto ou serviço, pense se o produto possui o valor real e também se ele possui o valor percebido pelos clientes.

Em 2015, nós realizamos consultoria para uma empresa que fabricava brownies e estava iniciando suas operações no Rio de Janeiro. O dono da marca, Paulo, nos questionou: sei que o meu brownie é o mais saboroso da cidade, mas ele simplesmente não está vendendo bem.

Nesse momento já entendemos que o Paulo estava se referindo ao "valor real" do produto. Aquele valor que quando perguntamos ao cliente, ele vai dizer que é o que precisa em um doce. Qual seria, porém, o valor percebido de um brownie?

Começamos a pesquisar os doces mais vendidos no mercado carioca e percebemos que todos possuíam uma coisa em comum: uma embalagem bonita e diferente.

Pedimos que ele fizesse uma experiência: colocar as bordas do brownie (em geral são as partes menos gostosas) em uma embalagem diferente, bonita e apresentável. O que aconteceu? As vendas da parte menos gostosa do brownie foram 60% maiores do que as vendas da parte mais gostosa, apenas mudando a embalagem do doce. Identificamos o "valor percebido" pelo cliente.

O resultado de todo esse processo foi que a fábrica do Paulo passou a investir em embalagens modernas e coloridas e as vendas aumentaram muito.

Por isso, quando for criar seu produto, não se esqueça de que é fundamental que ele tenha o "valor real" embutido, mas o seu cliente comprará ou deixará de comprar dependendo do seu "valor percebido".

CONHECENDO O MERCADO

VENDENDO UM PRODUTO OU UMA EXPERIÊNCIA?

Não venda um produto, venda uma experiência ao seu cliente. A Uber por exemplo, não oferece apenas um serviço de transporte, ela oferece uma experiência prazerosa aos seus clientes. Por isso, os taxistas de todo o mundo estão desesperados, perdendo toda a clientela.

Outro exemplo prático: quando você vai a um restaurante de luxo, você não busca apenas uma boa comida, busca uma experiência gastronômica completa que envolve um serviço de manobrista profissional, ambiente legal, segurança, arquitetura moderna, quadros na parede, esculturas decorativas, mobília bonita e confortável, temperatura climatizada, música ambiente adequada, garçons educados, bem-vestidos e bem-preparados, um atendimento acima da média, uma carta de vinhos cuidadosamente escolhida por um *sommelier*, banheiros limpos etc. Muitas vezes, o alimento é apenas um detalhe (valor real × valor percebido). O que faz a escolha do restaurante não é apenas a comida, mas a experiência, global e maravilhosa, que você deseja ter.

Agora, pense em um prato de macarronada em uma cantina tradicional italiana na cidade de São Paulo, pense em toda a experiência gastronômica que envolve desde a decoração até o atendimento final no local. Isso faz toda a diferença, certo? Não se trata apenas de atender a uma necessidade humana. Portanto, o empreendedor na área gastronômica não está apenas no ramo alimentar, concorda?

Possivelmente, existirá outra situação em que você deseja apenas um bom prato de arroz com feijão, bife e batatas fritas, e nessa situação você preferirá aquele "pé-sujo" perto da sua casa mesmo. Nesse caso, você deseja apenas a comida do "pé-sujo", senta, come e vai embora o mais rápido possível.

Seguindo esse raciocínio, o que você pode fazer para transformar a experiência do cliente em algo fantástico, para que seja criado um relacionamento e ele se engaje em futuras compras com você?

Você sabe por que a Apple tem uma legião de fãs, seguidores e clientes fiéis? Não é apenas por estar na vanguarda tecnológica, pois outras grandes empresas como a Samsung e a LG também estão.

O produto Apple é ainda mais caro que os "concorrentes", mesmo assim filas quilométricas de clientes são formadas todas as vezes que a Apple lança um novo produto.

O motivo é simples: as pessoas não querem apenas consumir um produto, elas desejam viver uma experiência e se engajar em um padrão Apple de relacionamento. Elas confiam na marca, confiam nos produtos, identificam-se com a marca e orgulham-se de fazer parte dessa comunidade que pensa de forma inovadora, moderna e disruptiva. Vamos falar um pouco mais sobre isso no Capítulo 11.

CAPÍTULO 5

CANAIS DIGITAIS E A NOVA ORDEM MUNDIAL DO MERCADO

TELEVISÃO × SMARTPHONE

Vamos aos fatos: jovens não assistem mais à TV. O mundo mudou e continua numa grande transformação digital.

Diversas pesquisas têm mostrado que a audiência de TVs tem declinado ao longo dos anos. Jovens entre 18 e 24 anos de idade assistem dez horas a menos de televisão por semana, quando comparados com jovens de décadas passadas. Fenômeno semelhante tem sido observado também entre adultos de 25 e 45 anos.

O fato é que, cada dia que passa, a antiga televisão da década de 1990 está sendo substituída pelo smartphone de hoje. A Rede Globo de Televisão, a Rede Record, o SBT e a Rede TV se tornaram obsoletas quando o assunto é divulgação de sua marca e estão rapidamente sendo engolidas pela Netflix, pelo Facebook, pelo Instagram e pelo YouTube, por exemplo.

Grandes empresas como Kraft, P&G, Nestlé, Coca-Cola e McDonald's já identificaram esse fenômeno e estão transferindo seus investimentos em marketing para as mídias sociais.

Sem nenhuma dúvida, essa mudança de comportamento do mercado consumidor, associada ao fácil acesso e baixo preço das novas plataformas digitais, significa oportunidades ímpares para empreendedores disruptivos que desejam competir e crescer rapidamente surfando nesse oceano azul de oportunidades! Você ficará de fora?

Facebook, Instagram e YouTube serão os canais de televisão da próxima década quando o assunto for marketing, pois os jovens de hoje não assistem à televisão, logo, não são mais um público consumidor de comerciais televisivos. Você quer atingir as próximas gerações? Então o investimento tem que ocorrer em mídias digitais.

E preste atenção a esta dica: investimento financeiro nessas novas mídias sociais ainda são considerados baratos em comparação a anúncios publicitários em jornais, televisão e rádio. Mas isso está mudando. Se você pretende divulgar sua marca em mídia digital, aproveite para surfar essa onda nos próximos cinco anos ou se arrependa pelo resto de sua vida, pois os custos ainda são baixos e a oportunidade de ouro é agora!

"PONTO" FÍSICO × PRESENÇA DIGITAL

Obviamente que criar um website na internet e uma página no Facebook é mandatório se você deseja divulgar sua marca.

Entretanto, nos deparamos a todo momento com empreendedores que ainda não entenderam o que significa o século XXI e que o poder não está mais no local físico em que sua loja, ou restaurante, está localizada. O poder está na presença digital de sua marca.

Algumas das vantagens de estar presente nas redes sociais é a possibilidade de expor seu produto em um *marketplace* gigantesco e a baixo custo. Na época do seu avô, você precisava ter uma loja física, gastos com aluguel do espaço, pagamento de inúmeros funcionários e a exposição da sua marca e de seu negócio ficava limitada aos transeuntes que passavam em frente ao empreendimento.

Possivelmente seu avô conseguiria visibilidade do negócio devido à localização geográfica da loja (perto da igreja central da cidade ou no centro comercial local, por exemplo) e talvez com um gasto financeiro considerável seu avô pudesse anunciar a loja no jornal impresso da cidade ou na rádio local.

Felizmente, hoje o empreendedor não precisa de um bom "ponto" físico para fazer prosperar seu negócio, porque na era da tecnologia e das mídias digitais temos novos tempos e novas oportunidades.

Portanto, aproveite essa oportunidade, pois aqueles que não souberem surfar essa onda certamente se arrependerão no futuro.

STARTUP

MARKETING TRADICIONAL × MÍDIAS DIGITAIS
CHEGOU A ERA DO PROTAGONISMO DO CONSUMIDOR

Em artigo publicado na revista *Forbes* em 2016, o jornalista Brandon Katz analisou o histórico de gastos em anúncios publicitários nos Estados Unidos e constatou o que todos que trabalham com mídias sociais já observavam: os gastos com anúncios publicitários em mídias sociais estão ultrapassando os gastos em anúncios televisivos.

A explicação para esse fenômeno é simples: existe uma clara migração do interesse do público para as mídias digitais. Fenômeno semelhante ocorreu com nossos avós nas décadas de 1950 e 1960, quando a tecnologia da televisão chegou ao Brasil, introduzida por um grande empreendedor nacional, Assis Chateaubriand, e o interesse por ela ultrapassou o dedicado ao rádio. Nesse período, o público migrou para a televisão, assim como os anúncios publicitários.

Na atualidade, o mundo digital se tornou o principal *player* em termos de interesse de público e de investimentos em marketing e está mostrando novamente como o nosso padrão de consumo se modifica ao longo do tempo, conforme a tecnologia avança e se transforma.

Portanto, precisamos estar atentos a esse novo paradigma, e conhecer o mercado consumidor é fundamental na hora de expor a marca e o produto para a venda nos canais corretos de divulgação.

A maturidade do consumidor atual merece destaque também, pois agora ele exerce função ativa na divulgação de produtos que julga ser importante para ser divulgado. Se ele gosta do produto, "curte" nas redes sociais; mas se ele realmente aprova o produto, compartilha o anúncio, "marca" amigos no *post* e estimula outros consumidores a conhecerem a marca.

Hoje, o consumidor é um ser proativo e capaz de produzir um efeito cascata ao anúncio que ele aprova, sonho de todo empreendedor, o amigo consumidor pode "viralizar" a divulgação do seu produto!

Dessa forma, o público é consciente de seu papel e de sua importância na maneira de aceitar e compartilhar anúncios publicitários que julga importante e assume um protagonismo jamais visto no mundo dos negócios!

Mas existe alguma dica sobre o tipo de anúncio que é melhor aceito pelo público?

Bem, podemos pensar em duas dicas básicas: causa nobre e conteúdo gratuito inicial.

Normalmente temas carregados por uma causa nobre, altruísta ou com significado e importância para um determinado grupo de pessoas possuem mais chances de serem aceitos pelo público.

Por exemplo, conceitos do tipo "O importante é não perder a causa" seria uma forma de levantar uma bandeira e dar conteúdo de qualidade ao público. Isso pode ser uma excelente maneira de mostrar ao cliente que você se preocupa com ele e deseja dar muito mais do que receber em troca.

Uma postura no estilo "oferecer conteúdo gratuito" ao cliente antes de pedir que ele compre algo é uma estratégia interessante, pois gera empatia com o mercado consumidor e permite que sua marca seja organicamente divulgada entre seguidores e clientes em potencial que compartilham os mesmos interesses, preocupações e ideais.

Portanto, oferecer conteúdo de qualidade e que merecem ser compartilhados é uma oportunidade fantástica para conquistar novos seguidores e clientes em potencial. Nenhuma startup deve menosprezar o poder das mídias sociais. Indiscutivelmente, essa nova maneira de as pessoas se comunicarem e socializarem é a melhor oportunidade de divulgar sua marca e vender seus produtos.

GERAÇÃO FACEBOOK E O PODER DAS MÍDIAS SOCIAIS

Quando Mark Zuckerberg criou o Facebook nos dormitórios da Universidade Harvard nem mesmo ele poderia imaginar que estaria revolucionando a maneira como as pessoas se comunicariam, socializariam e fariam negócios nos anos seguintes.

Parece algo inacreditável, ficção científica, mas é a realidade. O Facebook foi criado em fevereiro de 2004 e em 2012, oito anos após seu lançamento, já tinha ultrapassado a marca de 1 bilhão de usuários ativos. Um empreendedor não pode fechar os olhos para isso.

FALÊNCIAS INEVITÁVEIS?

Se alguém considera exagerada a possibilidade de falência nos negócios de quem menospreza o poder da internet e das mídias sociais, discutiremos um pouco sobre o recente case da Toys "R" Us.

Imaginamos que todos já ouviram falar da gigante do varejo americano no ramo dos brinquedos. Eis que a Toys "R" Us decretou falência em 2017. A gigante faliu.

Basicamente ocorreu uma sucessão de erros ao longo de mais de uma década, e como já expusemos anteriormente no livro, o mercado não liga para quem você é, ele apenas reage aos seus produtos e à forma com que você os comercializa.

A Toys "R" Us faliu porque não acreditou no fenômeno da internet. Não surfou na web, tornou-se uma empresa pesada, atrasada, obsoleta e lenta como um dinossauro dos tempos modernos.

A gigante se esqueceu de que para continuar no mercado é preciso inovar sempre. Esse foi o seu pecado capital e é o perigo da arrogância dos gigantes. A empresa pensou que continuaria fazendo sucesso vendendo brinquedos da mesma forma que fazia desde sua fundação, em 1948, quando empreendiam em grandes lojas de 5.000m² e dezenas de vendedores e funcionários.

Bem, com 1.600 lojas espalhadas pelos Estados Unidos e 64 mil funcionários, a gigante dos brinquedos demorou muito tempo para entender que a venda on-line reduziria custos, seria mais prático, mais moderno e que, logicamente, esse novo método de vendas ultrapassaria as cifras de lojas físicas.

Identificando quedas bruscas e sucessivas nas vendas dos últimos cinco anos, a Toys "R" Us tentou se reerguer investindo em vendas on-line, mas não suportou a derrocada, acumulando mais de 400 milhões de dólares em dívidas, e declarou falência em setembro de 2017.

Concluindo, a gigante não foi para a internet a tempo, faltou inovação e visão do futuro. Entenda que ninguém parou de comprar brinquedo, pois na contramão disso tudo a Amazon do bilionário Jeff Bezos vendeu 4 bilhões de dólares em brinquedos em 2016 e teve um aumento de 24% nesse nicho de vendas.

A verdade é que ninguém quer sair de casa para consumir. Comprar pelo aplicativo do celular, por exemplo, é mais fácil, mais rápido, mais prático e muito mais barato!

Vamos pensar em outro case bastante conhecido: o da Kodak. Quem nasceu até a década de 1990 com certeza já ouviu falar na Kodak. Essa empresa, criada por George Eastman em 1880, já foi responsável por vender 90% do filme utilizado nos Estados Unidos, foi usada para fazer filmes de Hollywood durante o século XX, incluindo oitenta ganhadores do prêmio de Melhor Filme no Oscar, para gravar a coroação da rainha em 1953 e usada por Neil Armstrong para fazer close-ups na superfície lunar na missão Apollo 11.

Mas por que essa outra gigante faliu? Muitos responderiam: "devido à mudança de mercado" ou "devido à invenção

CANAIS DIGITAIS E A NOVA ORDEM MUNDIAL DO MERCADO

da máquina digital". A máquina digital, porém, foi inventada pela própria Kodak em 1975 e só foi revelada em 1989.

Lembrem-se de que o mercado nunca é culpado pela nossa falência, mas sim nossa incapacidade de nos adaptar a ele. Os reais motivos para a falência da Kodak foram: conformismo com os lucros e resultados atuais, demora e resistência à inovação, medo do canibalismo (ou seja, medo que a câmera digital tomasse o lugar da sua câmera atual), postura defensiva às mudanças de mercado, apego ao passado... Basicamente tudo aquilo que não queremos ver no empreendedor moderno.

Veja o que Olivier Laurent, editor de notícias do *British Journal of Photography*, declarou sobre isso:

"A Kodak foi a primeira empresa a criar a câmera digital, mas naquela época a maioria de seus lucros vinha de vendas de produtos químicos utilizados nos filmes e eles tinham medo de investir em algo novo porque achavam que podia prejudicar o seu negócio tradicional. Quando eles perceberam, o mercado digital tinha chegado para ficar, ultrapassado o filme e todos os concorrentes da Kodak tinham câmeras digitais muito superiores. As câmeras Kodak nunca foram boas, e a empresa perdeu a reputação conquistada com o 'momento Kodak'."

Esses cases ilustram a nova ordem mundial do mercado. Ainda assim, muitos empreendedores negligenciam e ignoram o poder da internet, e navegam em direção ao precipício do mercado, investindo na criação de lojas pesadas, com grande número de funcionários (e por contar com funcionários despreparados acabam contratando mais funcionários) e terminam por criar um elefante — pesado, inoperante, engessado —, tornando a empresa ineficiente e com um funcionamento operacional burro. Certamente, falirão em menos de cinco anos e virarão estatística.

Conclusão: Inove ou morra! É assim que o mercado funciona. Você pode ser o dono do mundo, mas se não for humilde, respeitar e entender o mercado, certamente quebrará. Observamos esse fenômeno todos os dias. Se maus gestores destroem empresas gigantescas todos os dias, imagine o que acontece se o pequeno empresário ou empreendedor não tiver olhos bem abertos e atentos ao mercado?

Charles Darwin já nos ensinou: "Não são os mais fortes nem os mais inteligentes que sobrevivem. São os que melhor se adaptam."

CAPÍTULO 6

CRIANDO UM PROJETO STARTUP DE SUCESSO

Você sabia que a esmagadora maioria das startups criadas no Brasil decreta falência nos primeiros cinco anos após sua criação.

A verdade é que hoje existem muitas startups sendo criadas e poucas delas com potencial de sucesso. As dificuldades absurdas impostas pelo governo brasileiro aos empreendedores, como altos custos para abertura de empresas, burocracia, impostos exorbitantes, encargos trabalhistas, alta taxa de juros, falta de incentivos governamentais ao empreendedor, além das incertezas político-econômicas, décadas de atraso em infraestrutura e logística faz com que o jovem empreendedor brasileiro tenha muita dificuldade para criar e manter sua startup em funcionamento.

Soma-se a isso o fato de que além das dificuldades clássicas ao empreendedorismo no Brasil, a maioria das startups não tem um projeto vencedor em sua concepção original. Basicamente, estão fadadas ao fracasso, pois não possuem um objetivo claro, não têm um produto bom, não sabem

STARTUP

vender ou não são capazes de entender ou de responder ao mercado com a qualidade, eficiência e rapidez que ele exige.

Mas o que seria um projeto startup de sucesso?

Existem várias possibilidades, mas podemos dizer que um projeto novo, com uma ideia inovadora, um produto bom para venda e com um propósito de valor tem uma boa chance de prosperar se o time envolvido for bem competente na execução do projeto. Mesmo que existam concorrentes no setor, você ainda pode encontrar diferenciais competitivos sustentáveis para navegar no oceano azul.

Se não existir nenhum concorrente direto para a sua startup, esse é o melhor dos cenários possíveis. Ainda assim, o sucesso do seu projeto ainda não está garantido.

Você pode ter um diamante bruto nas mãos, mas se lapidar a pedra de forma errada o resultado final será catastrófico! Portanto, executar bem o projeto é a palavra-chave!

Além das características supracitadas, deixamos o melhor para o final. Você sabe qual é a principal variável responsável pelo sucesso de uma startup? O *timing*, sim, o "tempo perfeito" será o principal determinante do sucesso de sua startup. Isso significa que basta a startup estar com o *timing* errado que ela irá quebrar, mesmo tendo uma ideia original, sem concorrentes no mercado, trabalhando com uma equipe competente, motivada e com dinheiro para investimento. Como assim?

Vamos a um exemplo: você já ouviu falar de uma startup americana chamada Z.com?

CRIANDO UM PROJETO STARTUP DE SUCESSO

É provável que não. A Z.com foi criada em 1999 por um investidor americano chamado Bill Gross. A startup era uma grande promessa do mercado de entretenimento digital, tinha uma ideia original, um modelo de negócio excelente, uma equipe formada por grandes profissionais, muito dinheiro de investidores, mas no início dos anos 2000 a porcentagem da população americana com acesso à internet de banda larga era muito baixa e era muito difícil baixar e assistir a vídeos na rede mundial de computadores. Graças ao *timing* errado, a empresa encerrou as atividades em 2003.

Poucos anos depois, a internet de alta velocidade popularizou-se e uma pequena startup chamada YouTube foi criada em fevereiro de 2005. Pois nesse caso o *timing* era perfeito para a criação dessa startup, e o resto da história você já conhece.

Vamos ilustrar essa situação citando nosso próprio caso. O CBI of Miami foi lançado em março de 2016, mas e se a startup tivesse sido criada dez anos antes? Possivelmente, faliria antes de completar um ano de existência e a explicação é a mesma: *timing* errado!

Em 2006, a internet brasileira era muito lenta para a transmissão de vídeos e pouco popular no país. Nosso produto são cursos on-line, por isso, é lógico, dependemos de uma internet minimamente veloz para que nossos alunos possam assistir aos treinamentos.

Além disso, mídias sociais como o Facebook eram pouco populares no Brasil, o que impossibilitaria qualquer trabalho de divulgação do nosso produto em escala, como ocorre hoje.

e ficaríamos limitados a uma divulgação em canais menos atrativos, como é o caso do e-mail marketing.

Além disso, em 2006, comparativamente com os dias atuais, tínhamos um número muito reduzido de brasileiros com acesso a smartphones e internet, menos familiarizados às novas tecnologias e menos aptos a comprar pela rede mundial de computadores.

Resumindo, apesar de um produto bom, profissionais qualificados e comprometidos com a startup, uma tentativa de empreender no *timing* errado provocaria resultados catastróficos para nós.

Opa, mas e se criássemos o CBI of Miami em 2026? Bem, difícil prever o futuro, mas provavelmente em 2026 teríamos tantos concorrentes que dificilmente conseguiríamos nos impor de uma forma tão agressiva, competitiva e eficiente no mercado de ensino on-line no Brasil.

Concluindo: *timing* é (quase) tudo! Você pode ter um projeto perfeito, mas se o momento estiver errado, a startup vai quebrar e você se juntará à estatística que mostra que 90% das startups brasileiras decretam falência nos primeiros cinco anos de sua fundação.

CAPÍTULO 7

VENDA EM STARTUP: OS SETE GATILHOS DE VENDA PARA NÃO PERDER O CLIENTE

Uma das maiores dificuldades de um empreendedor é vender o seu produto. Isso inclui uma série de variáveis, como a escolha do canal para atingir seu cliente, a abordagem utilizada, o relacionamento gerado, o *branding* criado e o preço.

Tendo em vista que todos esses fatores foram trabalhados, vamos analisar sete gatilhos de venda importantes para conquistar o cliente.

Vamos dar o exemplo de um caso de uma grande empresa americana do setor de eletrônicos que nos contratou no ano passado com o objetivo, dentre outras coisas, de aumentar as vendas de um de seus produtos — o carregador portátil — no sul da Flórida. Vou chamá-la de Eletrônicos S.A., para não revelar seu verdadeiro nome.

Vamos analisar o anúncio utilizado inicialmente por ela, abaixo, e ver como podemos melhorá-lo:

1) Gatilho da escassez:

Gerar um sentimento de escassez para o cliente aumenta seu impulso de compra. Pode ser uma data limite para efetuar o pagamento, por exemplo, ou um limite de estoque.

Se puder explicar o porquê da escassez, melhor ainda. Nesse anúncio, colocaremos um limite de data — **apenas** hoje — e justificaremos o desconto pela temporada de furacões nos Estados Unidos.

2) Gatilho da autoridade:

Quando uma entidade importante e referência no assunto indica sua marca ou, de alguma forma, aparece no seu texto, dá a ele mais impacto e aumenta as chances de venda. Muitas vezes essa autoridade não precisa ser referência no assunto, apenas conhecida, como, por exemplo, quando artistas falam bem de um restaurante mesmo sem ser crítico gastronômico ou usam uma marca de roupa sem ser especialista em moda.

Nesse nosso anúncio, vamos utilizar uma notícia do jornal *Florida Today*, bastante conhecido no sul da Flórida, que coloca o carregador portátil como um dos itens indispensáveis para a temporada de furacão.

3) Gatilho de afeição:

Quando a pessoa se sente bem ao ver o anúncio, ela tende a comprar. Pode ser a foto de uma criança, de uma pessoa simpática, uma música de fundo agradável, ou de cunho social. Por isso, muitas empresas que não possuem relação com crianças, como bancos e alimentos (o famoso comercial da Parmalat), utilizam crianças em seus comerciais.

Nesse caso, vamos dizer que nosso objetivo é ajudar as pessoas que precisarem no caso de furacão.

4) Gatilho da retribuição:

As pessoas sentem-se mais compelidas a comprar quando a empresa dá algo em troca para ela. E o melhor: a retribuição do cliente geralmente não é proporcional ao presente oferecido, é muito maior.

Uma simples fatia de pizza com refrigerante pode convencer um cliente a comprar o seu carro. Um pequeno chocolate pode convencer a secretária do diretor a insistir na marcação daquela reunião que você tanto deseja. Essa retribuição pode ser também à sociedade, como plantar uma árvore.

Nesse caso, vamos utilizar um brinde: um cabo de energia universal para todos os tipos de telefone.

5) Gatilho do *Social Proof*:

Social Proof é um fenômeno psicológico em que a pessoa assume que as ações das outras pessoas são as mais corretas também para ela individualmente.

A famosa frase que utilizamos para nos convencermos a ir a algum lugar: "Quero ir porque todo mundo vai." Se todo mundo vai, parece óbvio que devo ir também.

Nesse caso, vamos colocar mais uma justificativa para o desconto de 30%: o alto número de pedidos nas últimas semanas, ou seja, "todo mundo está querendo".

6) Gatilho de compromisso e consistência:

Quanto mais me esforçar em um negócio, menores são as chances de desistir daquilo, mesmo que perceba que me trará prejuízo. É a dificuldade que um gestor tem de cancelar a construção de uma fábrica que ele percebeu que vai dar prejuízo de 1 milhão, quando ele já gastou 10 milhões para construí-la e a obra já está 80% pronta. É a dificuldade que esse mesmo gestor possui de cancelar a expansão para uma nova área, dado que ele já investiu muitos recursos nessa região.

Nesse caso, vamos colocar abaixo um artigo para o cliente ler caso ainda não tenha decidido comprar, para ele gastar ainda mais tempo no nosso produto.

7) Gatilho da insônia:

O que tira o sono do seu cliente? O que de pior poderia acontecer se ele não tiver o seu produto? Explore isso.

Nesse caso seria, por exemplo: "se o cliente precisar de uma emergência médica e não conseguir ligar para ninguém", ou se fosse fora da temporada de furacões, ele poderia ficar perdido e não ter acesso ao GPS do celular, ou o cliente que espera uma ligação telefônica importante, mas a bateria do celular descarrega.

Vamos utilizar isso no nosso anúncio.

Anúncio final:

CAPÍTULO 8

A IMPORTÂNCIA DE PENSAR NA CULTURA ORGANIZACIONAL EM STARTUPS

O assunto "cultura organizacional" quase nunca é uma preocupação do empreendedor no estágio inicial de sua empresa. Se esse assunto, porém, for deixado de lado, um dia a conta poderá chegar.

Normalmente, as dores de uma cultura organizacional ruim começam a partir do momento em que a startup começa a crescer e a contratar mais pessoas, principalmente se esse crescimento acontecer em alta velocidade. A empresa se preocupa com processos, vendas, produtos, entregas, e não consegue se dedicar à contratação e ao treinamento da equipe, esquecendo-se de que a cultura é formada por pessoas.

Construir uma cultura organizacional sólida desde o início da organização garante que a empresa e as pessoas que nela trabalham tenham consistência ao longo do crescimento acelerado. Os valores, as crenças, os ritos que fizeram a empresa chegar onde está não podem ser esquecidos e ignorados, o que formaria um grande exército de mercenários em vez de criar um grande exército de missionários.

COMO CONSTRUIR A CULTURA ORGANIZACIONAL?

A cultura se origina a partir do empreendedor. Podemos observar em grandes empresas como Google, Disney, Apple e Ambev que a cultura predominante é sólida e ao mesmo tempo é bem diferente entre cada uma delas.

Se observarmos ainda um pouco mais de perto, poderemos perceber que a cultura está totalmente associada a quem as fundou. Nesse caso, Larry Page e Sergey Brin, Walt Disney, Steve Jobs e Jorge Paulo Lemann.

Contudo, os empreendedores não conseguem ser onipresentes na organização, e precisam se perguntar: "Enquanto não estou no escritório, como a empresa deve se comportar? Caso eu parasse de trabalhar amanhã, como a empresa seguiria seu caminho?" Respondendo a essas perguntas, os fundadores começam a entender os verdadeiros valores que devem ser passados a seus colaboradores.

COMO PROJETAR MINHA CULTURA NA EMPRESA?

Para criar uma empresa com cultura aderente ao seu desejo e à sua realidade, o empreendedor deve, em primeiro lugar, pensar em quem não deveria estar na empresa. Costumo dizer

A IMPORTÂNCIA DE PENSAR NA CULTURA

que os limites da cultura da organização são nivelados pela pior pessoa da organização. "Se essa pessoa pode tratar os clientes dessa forma e permanecer na empresa, eu também posso."

As pessoas que ficam ajudam a moldar os valores, crenças, ritos/rituais da empresa, mas as pessoas que saem ajudam a moldar os limites. Pode soar estranho em um primeiro momento, mas é mais importante pensar em quem precisa deixar a sua empresa do que em quem precisa ficar.

Fazer essa limpeza logo no início da companhia, enquanto ela ainda está se constituindo e crescendo de forma acelerada, pode ser crucial para a motivação e a produtividade futura de seus funcionários.

Para as pessoas que ficaram, é importante que todas entendam o verdadeiro propósito da organização. Sem que esteja muito clara a missão da empresa, o porquê de ela existir, sua causa, aonde ela quer chegar e como, os colaboradores trabalham à deriva, deixando o acaso guiar suas atitudes e decisões. Quando estamos em uma estrada com boa visibilidade, somos muito mais rápidos e confiantes do que em uma estrada enevoada.

Outro ponto muito importante é manter uma comunicação interna pouco burocrática. Todo crescimento é acompanhado de um aumento no número de regras, processos e procedimentos, mas devemos evitar ao máximo que ocorra burocracia na parte da comunicação, com o propósito de que as pessoas possam ficar livres para opinar, discutir ideias e implementações, criar outros produtos e processos e fortalecer a cultura presente.

Por último, é muito importante que as pessoas não percam a liberdade, dentro dos limites estabelecidos. Os fundadores devem evitar que ocorra o processo de robotização de seu pessoal, que torna seus funcionários rígidos e pouco criativos.

Costumo dizer que as pessoas da sua empresa são como tijolos, enquanto a cultura é como a argamassa que mantém os tijolos juntos e firmes para construir uma casa consistente.

Ao pensar na cultura da organização desde o início da startup, os empreendedores podem construir sua casa de forma sólida e confiável, criando um exército de missionários em vez de mercenários, reduzindo o *turnover* do pessoal, aumentando a produtividade e a criatividade de seus colaboradores e criando uma empresa de alto impacto.

CAPÍTULO 9

QUATRO DICAS DE GESTÃO DO TEMPO PARA SE TORNAR UM EMPREENDEDOR DE ALTO DESEMPENHO

No momento inicial de uma empresa, o tempo do seu fundador é um dos seus bens mais preciosos. Nesse momento, geralmente a startup é muito dependente desse tempo, e quanto mais ele for utilizado de forma eficiente, maior será o crescimento inicial da companhia.

Mas será que os fundadores se preocupam com a sua produtividade? Preocupam-se com a maneira como o tempo está sendo gasto? Geralmente não.

Por isso, listamos quatro dicas para o empreendedor melhorar o uso do seu bem mais precioso e ter uma companhia de alta produtividade.

1) Controle o seu tempo

Como você gasta o seu tempo? Tente fazer uma estimativa: quantos por cento das suas horas de trabalho são utilizadas em tarefas da sua empresa? Você tem essa resposta exata? Provavelmente não e, quando nós estimamos, tendemos a superestimar esse valor.

Um dado impressionante: a média de tempo gasto em tarefas relacionadas ao trabalho durante o expediente é de apenas 39%. Isso mesmo, 61% do tempo que deveria ser útil é gasto em outras atividades não relacionadas ao ofício.

Por isso, é muito importante controlar o nosso tempo de trabalho gasto e direcionar esforços para o que realmente interessa, elevando esse percentual para cerca de 70% a 80% e dobrando os resultados com o mesmo tempo de trabalho. Produtividade está diretamente relacionada com o tempo alocado nas tarefas que agregam valor ao seu negócio.

2) Evite o vício das longas reuniões

Reuniões longas são um vício no início de um empreendimento. Grandes reuniões, com muitos envolvidos dando palpite, que duram horas e parecem não ter nenhum resultado. Soa comum? Os empreendedores utilizam essas reuniões para sentirem que estão produzindo, bem como a sua equipe, quando na verdade esse é um verdadeiro câncer para o negócio.

Essas reuniões poderiam ter um tempo bastante reduzido e um melhor resultado se seguíssemos algumas dicas simples.

Primeira: deve haver um objetivo definido antes de a reunião começar. O que espero ter como *output* desse encontro?

Segunda: as pessoas envolvidas devem conhecer esse objetivo previamente. É bastante comum uma reunião ser marcada e as pessoas não terem opinião sobre aquele assunto, e uma nova reunião é necessária para rediscutir o tema.

Além disso, todas aquelas pessoas são realmente necessárias nessa discussão? Cuidado com a famosa frase "seria bom se o Fulano também participasse". Se o Fulano não possui voz e importância naquela tomada de decisão, o melhor a fazer é não participar.

Terceira: Reduza o tempo previsto para a reunião, e cumpra. Transforme reuniões planejadas para 1 hora em reuniões planejadas para meia hora. No início é mais difícil, mas com o tempo vamos nos acostumando a ser mais objetivos, claros e diretos.

3) Otimize o tempo de respostas de e-mail

Quando foi a última vez que você viu sua caixa de entrada zerada? Você sonha com esse momento? Na verdade, a maioria das pessoas sonha. Muitas vezes chegamos à empresa com mais de cem e-mails na caixa, reduzimos para trinta e, depois de uma rápida reunião, esse número passa de cem novamente.

Para melhorar nosso tempo gasto com e-mail, a primeira coisa a fazer é definir apenas um ou dois blocos de horários para respondê-los, e não fazer isso o tempo todo nem como primeira tarefa do dia. Em geral, devemos guardar as primeiras horas do dia para as tarefas mais complexas.

Contenha a ansiedade de responder a e-mails a todo momento, pois se houver algo realmente urgente para ser resolvido, seu telefone vai tocar.

4) Organize melhor as suas tarefas

O que você vai fazer amanhã? Quais tarefas? A que horas? Se não tem essas respostas, talvez seja o momento de repensar a organização de trabalho. O primeiro passo é fazer um *brainstorming* de tudo o que precisa ser feito naquele dia. Pense em tudo e escreva em um papel.

O segundo passo é agrupar as tarefas por afinidade. Você vai perceber que muitas delas são subtarefas de outras já listadas.

Em seguida, como terceiro passo, essas tarefas devem ser classificadas em importantes e urgentes, sendo importantes as que causam maior impacto para a companhia e urgentes as que precisam ser resolvidas mais rapidamente.

Após esse passo, devemos verificar se existem outras pessoas envolvidas nessas tarefas e quais podemos delegar. Esse passo é importantíssimo, porque não delegar tarefas é um dos principais erros do empreendedor, e pode poupar grande parte do seu tempo.

O quinto passo é colocar todas as tarefas em uma agenda. Por que uma agenda? Porque ela é finita, e conseguimos enxergar claramente o que vamos conseguir realizar e o que deverá ficar para o dia seguinte, além de nos ajudar a evitar as grandes reuniões que poderiam surgir ao longo do dia.

Com esses quatro passos você terá um gasto de tempo de melhor qualidade, produzindo efeito direto para o presente e para o futuro do seu empreendimento, tornando a sua empresa uma startup de alto desempenho.

CAPÍTULO 10

INVESTIMENTO: COMO OBTER INVESTIMENTO NA SUA STARTUP

Quando falamos em investir em startups, a primeira coisa que vem à nossa cabeça é: "Qual é a melhor ideia para investir?" Então, começamos a estudar a fundo as ideias que os empreendedores nos apresentam, os modelos de negócio, as formas de receita, despesa e até opiniões subjetivas, como quão *catchy* é o negócio.

De fato, analisar a ideia e o conceito do negócio é muito importante quando vamos realizar um investimento desse tipo, mas essa não é a análise mais importante. A pergunta mais importante que devemos fazer é: "Qual é o melhor empreendedor para investir?"

Ao longo de anos trabalhando com startups, percebemos que o sucesso do negócio depende mais do empreendedor do que da ideia. Quantos aplicativos de carona deram errado antes da Uber?

Além disso, o erro pode não ter sido apenas na estratégia do negócio.

Os 6 diferenciais do empreendedor

Não existe uma "receita de bolo" para o empreendedor ideal, mas existem algumas características que temos de observar e que são diferenciais cruciais na hora de procurar uma startup com potencial vencedor.

1) Colocar a mão na massa

Quando se pergunta para o empreendedor para que ele precisa de dinheiro, a maioria responde que precisa montar uma equipe.

Muitos empreendedores acreditam que vão realizar o "estratégico" e a "gestão", enquanto sua equipe será a executora do trabalho. Trata-se da clássica cena do patrão em uma grande sala observando pela janela seus funcionários trabalhando.

No início de um negócio, porém, o empreendedor precisa ter o sentimento de "colocar a mão na massa". Ele precisa fabricar os pães no começo do funcionamento da padaria.

2) Vender o primeiro pão

Costumamos dizer que a padaria só se torna de fato uma padaria quando ela vende seu primeiro pão. Enquanto a empresa não vender seu primeiro produto/serviço, ela ainda é apenas uma ideia.

Quando o empreendedor vende seu primeiro pão, ele começa a entender o que o cliente compra, por que compra, as motivações, o valor real e o valor percebido do produto.

INVESTIMENTO

Parece óbvio que o cliente compra o shampoo que melhor lava o seu cabelo, mas na verdade ele compra aquele que faz mais espuma. E isso só descobrimos depois de vender e testar muitos produtos.

Portanto, prefira o empreendedor que já vendeu seu produto/serviço.

3) Sair das planilhas

Muitos empreendedores procuram investidores munidos com planilhas de planejamento complexas, com botões, macros e cenários dos mais variados tipos. Certa vez recebemos uma planilha de um empreendedor que queria vender relógios de madeira com 12 cenários financeiros diferentes. Perguntamos: "O que você faria se seus clientes quisessem alugar os relógios em vez de comprar?" O empreendedor ficou ansioso com a pergunta, gaguejou e não soube responder.

O planejamento é importante, mas saber executar é mais essencial.

4) Ser flexível

Ser apegado à ideia inicial é um dos principais erros de um empreendedor. Ele precisa ser flexível e se adaptar à vontade do cliente final. Em geral, o investidor pergunta ao empreendedor o que ele faria se o negócio mudasse totalmente de direção, supondo que tome uma direção absurda.

Será que o empreendedor vai dizer qual seria o novo plano de ação nesse caso ou vai responder "Com certeza o meu cliente não vai querer isso"?

5) A pergunta de ouro

"Se você recebesse hoje uma herança de 2 milhões de dólares, o que faria?"

Essa pergunta diz muito sobre o empreendedor e analisaremos três possíveis respostas a que recorrem comumente empreendedores em busca de dinheiro de investidores:

Resposta 1: "Dois milhões? Colocaria no banco e iria para as Bahamas"

Aparentemente esse empreendedor não possui um DNA para os negócios, não é apaixonado pelo *business*, não tem aquele desejo incontrolável pelo jogo, pela conquista empresarial, e acha que o banco vai render mais do que sua empresa. Você colocaria dinheiro nas mãos desse aprendiz de empreendedor?

Resposta 2: "Contrataria uma equipe"

Opa, parece que o padeiro não quer botar a mão na massa, não quer fazer o próprio pão. Não nos parece um bom perfil de empresa a se investir.

INVESTIMENTO

Resposta 3: "Colocaria tudo em marketing"

Tudo em marketing? Parece que nosso empreendedor não sabe o retorno sobre o investimento do que investiu em marketing. Você daria seu dinheiro para ele?

Não existe uma resposta certa para essa pergunta, pois cada negócio tem suas características e peculiaridades. No entanto, quando o empreendedor precisa de fato de dinheiro, ele sabe imediatamente onde o alocaria em seu negócio.

Portanto, se o empreendedor não sabe responder a essa pergunta específica ou quer investir em planos não palpáveis, ele provavelmente precisa de apoio não financeiro, ou ele saberia naturalmente a resposta.

6) Não ter nada a perder

Se o empreendedor precisar de dinheiro para manter um padrão de vida elevado, as chances de sucesso serão muito baixas. Pergunte ao empreendedor: "E se você não colocasse 1 real no bolso nos próximos dois anos, e a empresa falisse. O que você faria?"

Observe se ele está preparado para isso e se não se importaria em ter um padrão de vida mais baixo por algum tempo.

Conclusão

Paparazzi 3.0, aplicativo de carona, aplicativo de dieta etc. As ideias são milhares e estão aí, mas os empreendedores são únicos e escassos. Existem modelos de negócio dos mais variados, mas o que importa de verdade é a paixão, determinação e obstinação do empreendedor, isso é o que faz um negócio dar certo. Sem execução, uma ideia não é nada!

CAPÍTULO 11

CONCORRÊNCIA

Do ponto de vista do empresário, é bom ter concorrente? Quando oferecemos palestras sobre empreendedorismo, essa é uma das perguntas que mais gostamos de fazer. Normalmente cerca de 80% do público responde que sim e 20% responde que não é bom para o empresário ter concorrentes.

Os argumentos para as pessoas do "sim" variam bastante:

"Ter concorrente nos estimula a inovar, a não ficar parado, e nos faz crescer."
"Podemos pegar boas práticas com nossos concorrentes."
"Os concorrentes criam o mercado para nós."
"Podemos aprender com o erro dos concorrentes."

Já os argumentos do "não" variam menos. Em geral giram em torno de "posso escolher o preço que eu quiser"; "não preciso dividir meus clientes com ninguém" ou "eu domino o mercado".

Ao contrário do que 80% do público pensa, gostaríamos de ser muito enfáticos de que ter concorrentes NÃO é bom (do ponto de vista do empresário).

STARTUP

Vamos ao caso do Google Maps. Durante muitos anos dominou sozinho o mercado de geolocalização para a grande massa. Foi então que surgiu o aplicativo israelense Waze e começou a competir com o Google Maps. Qual das duas opções abaixo o Google fez?

A) Deu uma grande festa para todos os funcionários para comemorar a entrada de um novo concorrente no mercado, afinal agora eles poderiam inovar, pegar boas práticas com o Waze e aprender com os seus erros.

B) Comprou o Waze por mais de 1 bilhão de dólares e continuou dominando o mercado.

Claro que a resposta correta é a letra B.

O mesmo aconteceu com o Instagram e o Whatsapp, comprados pelo Facebook por bilhões de dólares cada um.

Porém, como não ter concorrentes? Como posso criar uma loja de roupas, por exemplo, sem competir com as já existentes? Preciso comprar todas elas?

Felizmente, a resposta é não. Para não ter concorrentes o empreendedor precisa alcançar diferenciais competitivos sustentáveis. Diferenciando sua empresa das demais do mercado, abre-se uma janela de oportunidade para o conhecido "oceano azul", um mar cheio de peixes onde você é o único tubarão citado no livro *A estratégia do oceano azul*, de W. Kim.

CONCORRÊNCIA

Diferenciais competitivos sustentáveis são características inovadoras que criam uma casca protetora em torno da sua empresa, fazendo com que o mercado pague mais pela sua marca.

Agora vamos ao exemplo da Apple. Você consegue perceber a diferença entre os dois aparelhos abaixo? Uma dica: não estamos falando do horário que aparece na tela.

Um deles é o iPhone e o outro é o Hiphone, um genérico do iPhone tão parecido com o original que poucos percebem a diferença. Algumas perguntas:

- Qual dos dois possui mais opções de aplicativos? O Hiphone. Com possibilidade de uso de dois chips, televisão analógica e memória expansível até 8 GB.
- Qual dos dois é mais bonito? São quase iguais.

- Qual dos dois é mais barato? O Hiphone é pelo menos dez vezes mais barato que o iPhone.
- Qual dos dois é mais popular? Com certeza o iPhone.

Então, por que o iPhone vende mais que o Hiphone, se esse último possui mais opções de aplicativo, é bem mais barato e são esteticamente muito parecidos? Porque a Apple possui diferenciais competitivos sustentáveis que criam uma casca protetora em torno do iPhone e o fazem valer pelo menos dez vezes mais.

Alguns diferenciais da Apple:

- Assistência técnica
- Treinamento de uso
- Pós-venda de excelência
- Atendimento
- Status
- Qualidade
- Entre muitos outros

Perceba que a grande parte desses diferenciais não está diretamente relacionada com o produto em si (iPhone), mas com a marca Apple.

Com o advento da tecnologia e o incentivo ao empreendedorismo, é cada vez mais difícil encontrar mercados que não tenham algum tipo de produto ou serviço já consolidado. Por isso, é cada vez mais importante que o empreendedor busque características diferenciadoras, como vimos no caso da Apple.

Se você vai criar uma loja de roupas, por que ser mais uma? Busque os seus diferenciais competitivos sustentáveis.

CAPÍTULO 12

DEZ DICAS DE EMPREENDEDOR PARA EMPREENDEDOR

Descrevemos neste capítulo alguns tópicos importantes para você que deseja empreender. São dicas práticas e valiosas para quem deseja surfar a onda do empreendedorismo no mundo digital e alguns exercícios para impulsionar seus conhecimentos e suas oportunidades no mercado.

1. CORRIDA DE 100 METROS RASOS OU MARATONA?

Empreendedorismo não é uma corrida de 100 metros rasos, empreender é uma maratona, são 42 km, portanto, o pensamento tem que ser sempre no longo prazo. Vitórias no curto prazo são importantes, mas a solidez da futura companhia depende do árduo trabalho dia após dia, durante meses e anos... Pense sempre no longo prazo!

Todo jovem empreendedor deve entender que a paciência é uma qualidade importante do mundo das startups e que você precisa trabalhar e lutar por pequenas conquistas diárias, cultivando seu negócio da mesma forma que uma mãe cuida de seu bebê. Pacientemente repetindo esse processo de árduo trabalho diário até o momento em que o bebê vai crescer e se transformar em uma criança, depois em um adolescente e finalmente em um adulto.

A maturidade da startup ocorrerá quando ela se transformar em uma grande empresa, portanto nunca se esqueça de que a paciência será a chave para nutrir e alimentar seu projeto.

Esteja também atento às evoluções e inovações do mercado. O que grandes empresas do seu ramo estão desenvolvendo e criando para os mercados nacional, americano e europeu? O que líderes empreendedores dizem sobre essas novas tecnologias? Quais as novas tendências do mercado? Como eles observam o futuro?

2. LEGADO > DINHEIRO

Um combustível importante que temos no CBI of Miami é saber que o que estamos construindo dia após dia é um legado, algo mais importante que todo o dinheiro que podemos ganhar com a nossa empresa.

Saber que estamos transmitindo conhecimento, ajudando milhares e milhares de educadores, professores, profissionais da saúde e familiares de crianças com necessidades especiais ou dificuldades de aprendizagem é o melhor remédio para combater as dificuldades empreendedoras a que todos estamos sujeitos nessa batalha diária pelo mercado e pelo sucesso.

Logo, um legado não pode ser mensurável em dinheiro. Legado é um objetivo maior, mais nobre e certamente dará muito mais satisfação pessoal que uma conta bancária recheada de dinheiro. Não trabalhe pelo dinheiro, trabalhe pelo ideal de legado.

Você e sua startup podem ajudar a impactar positivamente a vida de muitas, e por que não dizer milhares, pessoas. Qual legado você quer deixar para sua família? Como deseja ser lembrado? Imagine quantas pessoas você será capaz de ajudar com seu projeto startup?

3. IDEIA SEM EXECUÇÃO NÃO VALE NADA

No meio do empreendedorismo escutamos histórias do tipo:

> "Ah, tive a ideia da Uber muito tempo antes do Travis Kalanick"; ou "Sempre quis criar um site de vendas como a Amazon"; ou ainda: "Pensei em um aplicativo de celular para encomenda de comida bem antes de o iFood ser criado"; e essa então: "A ideia do Airbnb foi minha!"

Mas por que não criou a startup então, meu amigo?

Podemos sentar diante de uma mesa de bar e ficar conversando por horas sobre o futuro da tecnologia, da internet e das startups. Certamente conseguiríamos "prever" os próximos dez grandes avanços tecnológicos, aplicativos de celular ou produtos a serem desenvolvidos e comercializados no Brasil e no mundo nos próximos vinte anos. E daí?

Imaginar o futuro pode ser uma tarefa relativamente fácil, entretanto botá-la em prática, torná-la real, acessível, prática, escalável e com rentabilidade para a startup é outra história.

Resumindo: uma boa ideia não vale nada, nenhum centavo, se você não executa a ideia e se não coloca em prática seu projeto de startup.

4. RELAÇÃO AFETIVA COM FUNCIONÁRIOS?

Quero todos meus funcionários crescendo comigo. Conversamos com a equipe, ajudamos em tudo e eles nos ajudam em tudo. "Família tá bem, foi ao médico com seu filho?"

Qual é o problema de realmente se importar com seu funcionário? Se o filho está doente, a cabeça do funcionário não está boa, ele não vai render e produzir bem no trabalho. Por que não posso conversar com ele sobre isso?

Pois a humanização do ambiente de trabalho é uma excelente maneira de estimular a produtividade de seus funcionários.

Já observamos muitos empreendedores se comportarem de forma agressiva e hostil com seus funcionários, pois achavam que essa seria a melhor maneira de liderar seus colaboradores no ambiente de trabalho.

Muitos desses empreendedores confidenciavam que se comportavam assim inspirados no estilo Steve Jobs de relacionamento. Bem, apesar de Steve Jobs ter sido um dos maiores empreendedores de todos os tempos, não podemos considerar positivo seu estilo agressivo de lidar com suas equipes, e sem dúvida nenhuma aqueles que experimentaram um modelo de gestão mais acolhedor e humano colheu os melhores frutos em termos de produtividade em suas startups.

5. FOCO, TRABALHO, TRABALHO E MAIS TRABALHO

Empreendedores não trabalham no esquema 9h da manhã às 5h da tarde.

Acorde cedo, trabalhe muito, durma tarde e acorde cedo novamente para trabalhar mais 15 horas por dia. Faça isso de forma consistente e focado em seu projeto, e em alguns anos colherá muitos frutos.

Tenha paixão pelo que você faz e esteja convicto da importância de seu projeto para a sociedade. Isso ajudará você a manter o foco nos tempos difíceis que certamente existirão, assim como ajudará a manter o foco nos momentos bons em que você se sentir invencível. Mesmo nesse momento, você precisa manter muito o foco. Lembre-se de que no mundo dos negócios é mais difícil se manter no topo do que alcançá-lo pela primeira vez.

Se você é bom o suficiente e trabalha duro, você vencerá. Entenda que se você não vencer, isso significa que você não foi bom o suficiente, pelo menos nesse momento. Repense as estratégias, reflita onde errou e faça outra tentativa novamente. Nessa próxima tentativa você estará mais forte, mais preparado e terá novas oportunidades para vencer.

6. ESTUDE, ESTUDE, ESTUDE

Cada vez estamos mais convictos que quem domina o conhecimento domina o mundo. Portanto uma dica importante para vencer no mundo dos negócios e principalmente no mundo das startups é: leia mais livros e assista a mais palestras. Entenda e aprenda o que pensadores e personalidades do mundo das startups têm a oferecer para você.

A internet é uma ferramenta extraordinária de conhecimento gratuito, basta saber filtrar o que é bom e o que é ruim. O YouTube, por exemplo, lhe oferece a oportunidade de assistir a milhares de vídeos com palestras de grandes gênios do empreendedorismo mundial como Gary Vaynerchuk, Tim Ferriss, Tony Robbins, Eric Thomas, além de brasileiros como Jorge Paulo Lemann, Flávio Augusto da Silva, Mauricio de Sousa, Abilio Diniz, entre outros.

7. QUEM SÃO SEUS AMIGOS?

Olhe para seus amigos. Quem está ao seu redor? Lembre-se daquela frase: "Diga-me com quem andas, que lhe direi quem és."

Você é um resumo dos seus cinco a dez amigos mais próximos. O que isso significa? Significa que se você está rodeado de

DEZ DICAS DE EMPREENDEDOR PARA EMPREENDEDOR

perdedores... Adivinhe. Certamente você terá poucas chances de prosperar no mundo dos negócios e das startups.

Mas o que fazer se esse for o caso? Esse é um difícil exercício de autoconhecimento, mas é a realidade nua e crua: arrume novos amigos, simples assim. Se aproxime de vencedores. Você precisa estar perto de pessoas que o impulsionem para cima, que lhe ensinem coisas novas, que permitam a você aprender novas habilidades e o ensine a pensar "fora da caixinha".

8. ATUALIZE-SE SEMPRE

Habitue-se a ler e conhecer a lista dos dez aplicativos mais baixados na Google Play e na AppStore. Trata-se de uma maneira prática de saber o que o mundo inteiro está consumindo. Quais são as tendências do mercado das startups e quais produtos estão emplacando nos Estados Unidos e na Europa, mas que ainda não chegaram ao Brasil. De repente isso pode lhe proporcionar uma oportunidade de negócio ainda inexplorada em terras tupiniquins.

9. SEJA DISRUPTIVO

Lembre-se de que o empreendedor precisa ser disruptivo na maneira de pensar e agir. Precisa estar sempre um passo na frente, mais bem atualizado que os concorrentes, mais rápido, com mais conhecimento, mais atento às tecnologias, às ferramentas de marketing e de venda, por exemplo, e entendendo exatamente o que grandes pensadores estão criando mundo afora.

O conhecimento é o combustível do empreendedor, conhecimento é ouro e aquele que detém esse conhecimento domina o mundo!

10. ACREDITE NOS SEUS SONHOS

A décima dica, por mais simples e óbvia que possa parecer, é a mais importante e uma das mais difíceis de sensibilizar o jovem empreendedor.

Mais importante, pois **SEM SONHO NÃO HÁ EMPREENDEDORISMO** e uma das mais difíceis de sensibilizar, pois muitos jovens empreendedores desistem dos seus projetos por palavras de desencorajamento e influências negativas externas, provenientes de amigos, familiares e profissionais da área a que estamos sujeitos a todo momento.

Lembre-se: Impossível é tudo aquilo que você não quer alcançar.

CAPÍTULO 13

Nosso case de sucesso: a história do CBI of Miami

Bem, a história do CBI of Miami ilustra muito da nossa filosofia de trabalho e demonstra na prática a eficácia desse guia que você tem em mãos. Sem dúvida nenhuma tentamos transmitir neste livro os pontos chaves que você, jovem empreendedor, necessita para ter sucesso na criação da sua startup. Essas estratégias didaticamente ofertadas podem de maneira efetiva ajudar você a mudar definitivamente sua vida profissional para sempre.

Mas vamos lhe contar como tudo começou. Gustavo era até então um médico de sucesso na área da psiquiatria infantil, com oito livros publicados nessa área e mais de 150 mil exemplares vendidos.

Apesar do sucesso profissional, acostumado com a rotina de consultório, além de prestar consultoria para as principais empresas farmacêuticas brasileiras e de palestrar em instituições de ensino no Brasil e no exterior, ele não estava feliz e satisfeito com a vida no Rio de Janeiro. Cansado da violência urbana e da rotina estressante da cidade, decidiu emigrar para os Estados Unidos com a família.

A decisão de deixar o país o obrigou a buscar soluções para dois novos problemas: 1) Como conseguir um visto de permanência definitivo nos Estados Unidos e 2) Como manter-se financeiramente na América, considerando que o diploma de médico conquistado no Brasil não teria validade.

Vamos ao problema 1:

Gustavo passou a estudar sobre os processos imigratórios e descobriu que o governo americano oferece o famoso *green card*, um visto de residência permanente para cidadãos estrangeiros portadores de habilidades extraordinárias chamado EB-1.

Também conhecido como *genius visa*, o objetivo desse visto imigratório é trazer para os Estados Unidos profissionais de destaque e reconhecimento internacional ou nacional em seus países de origem em diferentes campos como: educação, ciência, artes, negócios e esportes.

O processo para a conquista do *green card* demorou cerca de dez meses e foi executado por um escritório imigratório americano que precisou comprovar através de dezenas e dezenas de documentos as habilidades extraordinárias de Gustavo como escritor e palestrante de renome nacional dentro da área de psicoeducação nos problemas comportamentais infantis.

Resolvido o primeiro grande problema, ele tinha mais uma situação bem complicada para resolver: como prosperar financeiramente nos Estados Unidos?

NOSSO CASE DE SUCESSO

Nesse momento, Gustavo tinha um plano inicial: dar aula em universidades do sul da Flórida na área de saúde mental infantil e educação especial.

Apesar dessa possibilidade, ele passou a nutrir seu DNA empreendedor e a sonhar mais e mais com a possibilidade de criar uma escola de ensino on-line dentro de sua área de expertise. Algo que ele já tinha idealizado em 2014, quando conheceu alguns reitores e professores de universidades em Miami, e escutou de todos eles a seguinte frase: "O futuro da educação é on-line."

Entretanto, o sonho de surfar a onda do *on-line business*, e da real possibilidade de montar uma startup com grande potencial de sucesso, esbarrava na falta de conhecimento empresarial para implantar seu negócio.

Essa falta de conhecimento empresarial é um dos principais motivos por que a imensa maioria das startups nem saem do papel, e também a razão principal que mais de 90% das startups que são criadas abandonam as atividades antes mesmo de completar cinco anos de vida.

De agosto de 2015 a fevereiro de 2016, foram mais de dez tentativas de encontrar profissionais da área educacional, marketing ou da tecnologia da informação que ficassem interessados em uma parceria.

Imagino que hoje muitas dessas pessoas estejam arrependidas de não terem embarcado nesse projeto de startup com Gustavo. Mas o fato é que por uma série de coincidências e indicações de amigos em comum, Gustavo e João Roberto foram apresentados em março de 2016.

STARTUP

Agora que vocês já conhecem um pouco a história do Gustavo, vamos conhecer um pouco a do João Roberto. Isso dará a vocês um entendimento do porquê de a sociedade em uma startup se faz necessária quando expertises diferentes complementam-se.

João Roberto é engenheiro de produção formado pela Universidade Federal do Rio de Janeiro, mas seu DNA empreendedor gerou frutos ainda no início de seus estudos na faculdade. Aos 19 anos, fundou sua primeira empresa no setor da educação, a Equipe Didática, tendo alcançado 35% do *marketshare* de aulas particulares da cidade do Rio de Janeiro no espaço de um ano, contando com uma equipe de quase cem professores.

Anos mais tarde, em 2011, recebeu investimentos da V.Start, área de Novos Negócios do Grupo Visagio, e abriu a sua segunda empresa. No final de 2013, recebeu o convite para criar a Escola de Negócios de um instituto de consultoria chamado Instituto de Engenharia de Gestão — IEG. Dois anos após sua criação, o IEG já figurava como a segunda maior Escola de Negócios Independente do Brasil.

Suas principais áreas de expertise são empreendedorismo, gestão de projetos, plano de negócios e estratégia de operações, temas essenciais para a criação de uma startup.

A partir do momento que ambos identificaram o potencial de uma startup em educação on-line focada em um nicho praticamente inexplorado no Brasil e com um mercado consumidor gigantesco em grande expansão, a decisão de criar a empresa foi fácil.

NOSSO CASE DE SUCESSO

A ideia era criar uma metodologia inovadora de ensino on-line e oferecer os melhores treinamentos no Brasil contando com a contratação dos melhores professores do mercado dentro de suas especialidades profissionais como psicólogos, fonoaudiólogos, psicopedagogos e médicos.

O oceano azul de oportunidade estava criado e o grande mercado consumidor estava ávido por isso. Representado por professores de ensino público e particular, profissionais da área da saúde mental infantil e familiares de crianças com necessidades educacionais especiais, o CBI of Miami nasceu preparado para atender a essa demanda crescente por conhecimento especializado.

Entendam que por mais que Gustavo tivesse uma expertise extraordinária na área de psicoeducação e saúde mental infantil, a empresa de ensino on-line não teria chance de prosperar sem uma gestão de alto nível. Da mesma forma que João dificilmente teria sucesso nessa área sem o conhecimento específico do Gustavo.

Portanto, o case do CBI of Miami serve para exemplificar uma série de questões básicas abordadas no livro, como a importância de você se cercar de pessoas altamente qualificadas em áreas diferentes da sua expertise. Esse conceito básico serve para o momento de buscar parceiros para formar a sua sociedade, assim como para o momento de buscar funcionários bem qualificados e que dividam a mesma visão e os mesmos valores da sua empresa.

Sobre os autores

oão **Roberto Magalhães** é cofundador e diretor executivo na América Latina do Child Behavior Institute of Miami. Engenheiro de produção pela Universidade Federal do Rio de Janeiro, fundou sua primeira empresa aos 19 anos de idade no setor da educação, a Equipe Didática, tendo alcançado 35% do *marketshare* de aulas particulares da Cidade do Rio de Janeiro no espaço de um ano, contando na época com uma equipe de quase cem professores.

João Roberto atua também em empresas e universidades como professor e palestrante, abordando temas como Empreendedorismo, Gestão de Projetos, Plano de Negócios, Estratégia de Operações e Finanças Pessoais.

Em 2016, ao lado de Gustavo Teixeira, fundaram o CBI of Miami, empresa de ensino on-line especializada em problemas comportamentais infantis, educação especial neurociência da educação e psicopedagogia.

Gustavo Teixeira é cofundador e diretor executivo nos Estados Unidos do Child Behavior Institute of Miami. Ele estudou nos Estados Unidos, graduando-se pela South High School, em Denver, estado do Colorado, onde aprendeu sobre programas escolares de inclusão de crianças com necessidades especiais.

Médico, continuou seus estudos no Instituto de Psiquiatria da Universidade Federal do Rio de Janeiro. Ele também é pós-graduado em Dependência Química pela Universidade Federal de São Paulo, Saúde Mental Infantil pela SCMRJ; e possui curso de extensão em Psicofarmacologia da Infância e Adolescência pela Harvard Medical School.

É mestre em Educação pela Framingham State University, nos Estados Unidos, e palestrante internacional em inclusão e educação especial, tendo apresentado dezenas de workshops em vários países nos últimos anos, incluindo Estados Unidos, Austrália, Coreia do Sul, Áustria, Inglaterra e Suécia e cursos de verão nos Estados Unidos para o Department of Special Education na Bridgewater State University, localizada no estado de Massachusetts, onde é professor visitante.

Gustavo Teixeira é um dos responsáveis pela popularização de livros psicoeducacionais no Brasil. O autor já vendeu mais de 150 mil exemplares, incluindo os best-sellers *Manual dos transtornos escolares* e *O reizinho da casa*, também publicados pela editora Best*Seller*, entre outros títulos.

LISTA DE 10 LIVROS PARA LEITURA COMPLEMENTAR

Do sonho à realização em 4 passos — Estratégias para criação de empresas de sucesso, de Steve Blank

A startup enxuta, de Eric Ries

Sonho grande, de Cristiane Correa

All in, de Bill Green

As ferramentas dos titãs, de Tim Ferriss

Disrupted, de Dan Lyons

Idea to Execution, de Ari Meisel e Nick Sonnenberg

Unshakeable, de Tony Robbins

A estratégia do oceano azul, de W. Kim

O livro negro do empreendedor, de Fernando Trias de Bes

CONTATOS PARA PALESTRAS, ENTREVISTAS E CONSULTORIAS

www.jovensempreendedores.com.br

E-mail: contato@cbiofmiami.com

Este livro foi composto na tipografia Adobe
Garamond Pro, em corpo 11,5/16,5, e impresso
em papel off-white no Sistema Cameron da
Divisão Gráfica da Distribuidora Record.